LOS MEJORES JUGADORES DE TODOS LOS TIEMPOS

G.O.A.T.
LANZADORES
DE BÉISBOL

ALEXANDER LOWE

ediciones Lerner ◆ Mineápolis

ediciones Lerner
Una división de Lerner Publishing Group, Inc.
241 First Avenue North
Mineápolis, MN 55401, EE. UU.

Si desea averiguar acerca de niveles de lectura y para obtener más información, favor consultar este título en www.lernerbooks.com.

Fuente del texto del cuerpo principal: Aptifer Sans LT Pro.
Fuente proporcionada por Linotype AG.

Library of Congress Cataloging-in-Publication Data

Names: Lowe, Alexander, author.
Title: G.O.A.T. lanzadores de béisbol Alexander Lowe.
Other titles: G.O.A.T. baseball pitchers. Spanish
Description: Minneapolis : ediciones Lerner, 2025. | Series: Los mejores jugadores de todos los tiempos | Includes bibliographical references and index. | Audience: Ages 7–11 | Audience: Grades 2–3 | Summary: "Prepare to take on one of the toughest questions in baseball: Who is the greatest pitcher of all time? Pitchers can influence games more than any other player on the field. Read about the stats and championship moments of baseball's greatest pitchers. Then use what you learned to create your own top-10 list! Go deep with stats and action-packed text to discover the best pro pitchers of the past and present in a fun, top-ten format. Study the evidence for yourself, and research your own G.O.A.T. list. Then have fun convincing your fellow baseball fans that your list is the best! Now in Spanish!"— Provided by publisher.
Identifiers: LCCN 2024021426 (print) | LCCN 2024021427 (ebook) | ISBN 9798765643983 (library binding) | ISBN 9798765661260 (paperback) | ISBN 9798765651582 (epub)
Subjects: LCSH: Pitchers (Baseball)—United States—Juvenile literature. | Pitchers (Baseball)—Rating of—United States—Juvenile literature. | Baseball—United States—History—Juvenile literature. | Baseball—United States—Statistics—Juvenile literature.
Classification: LCC GV867.5 .L6818 2025 (print) | LCC GV867.5 (ebook) | DDC 796.357092/2 [B]—dc23/eng/20240509

LC record available at https://lccn.loc.gov/2024021426
LC ebook record available at https://lccn.loc.gov/2024021427

Fabricado en los Estados Unidos de América
1-1010982-52432-6/5/2024

CONTENIDO

LANZADORES LEGENDARIOS

El 19 de septiembre de 2011, los New York Yankees estaban jugando con los Minnesota Twins. Mariano Rivera se ubicó en el montículo del lanzador. El conteo era sin bola y dos strikes. Rivera se preparó para el lanzamiento. Soltó su famosa bola recta cortada, que avanzó por la esquina del plato para marcar el strike tres. El bateador estaba fuera y el juego había terminado. Rivera se convirtió en el líder de todos los tiempos en salvamentos en la Liga Mayor de Béisbol (MLB).

DATOS DE INTERÉS

» **CY YOUNG** TIENE EL RÉCORD DE LA MLB DE JUEGOS GANADOS EN SU CARRERA, CON 511.

» **NOLAN RYAN** CON FRECUENCIA LANZABA LA PELOTA A MÁS DE 100 MILLAS (161 KM) POR HORA.

» **SATCHEL PAIGE** LANZÓ UNA CANTIDAD QUE LLEGÓ A 50 NO-HITTERS EN SU CARRERA.

» **RANDY JOHNSON** TIENE EL RÉCORD DE PONCHES EN SU CARRERA PARA UN LANZADOR ZURDO CON 4875.

La MLB se inició en el año 1903. El juego ha cambiado de muchas maneras desde entonces. Uno de los cambios más grandes se produjo en 1947. Ese año, Jackie Robinson (*derecha*) de los Brooklyn Dodgers se convirtió en el primer jugador negro en el campo en la liga. Antes de ese momento, no se permitía que participaran jugadores negros. Los jugadores negros eran relegados a las Ligas para Negros antes de que Robinson hiciera historia. Muchos de los jugadores negros más grandes no tuvieron la posibilidad de jugar en la MLB.

En el béisbol, todos los partidos comienzan cuando el lanzador arroja la pelota. El lanzador controla la velocidad del juego. Los mejores lanzadores logran que los bateadores no hagan contacto sólido con la bola. Pueden ayudar a su defensa manteniendo a los corredores lejos de la base. Pero un error de un lanzador también puede hacer que sea casi imposible ganar. Por eso los grandes lanzadores son tan valiosos.

Randy Johnson fue lanzador en seis temporadas en los Arizona Diamondbacks. Johnson es uno de los lanzadores más altos de la historia de la MLB.

Puede ser difícil hacer un ranking de los mejores lanzadores de la historia del béisbol. Muchos grandes deportistas han ocupado esa posición. ¡Todos los aficionados al béisbol tienen una opinión sobre quién es el mejor de todos los tiempos (G.O.A.T.)!

BOB GIBSON

Los aficionados saben que un lanzador es excelente cuando la MLB cambia las reglas del juego para que sea menos dominante. Después de la temporada de 1968 de Bob Gibson, a la liga le preocupaba que los equipos no estaban marcando suficientes carreras. Ese año, Gibson marcó un récord con 1,12 de promedio de carreras limpias permitidas (ERA). Eso significa que solo concedió una carrera por cada nueve innings en los que lanzó. La MLB bajó la altura del montículo y achicó la zona de strike en un esfuerzo por asegurarse de que los lanzadores no tengan una ventaja injusta.

En 1968, Gibson ganó el premio al Jugador Más Valioso (MVP). Un lanzador tiene que ser increíble para ganar el MVP. Los jugadores de posición, como los fieldeadores, son quienes por lo general ganan el premio. Para ganar el MVP, un lanzador tiene que ser más que solo un buen lanzador. Tienen que ser el mejor jugador del equipo en cualquier posición. Gibson también ganó dos premios Cy Young como el mejor lanzador de su liga.

Gibson jugó en tres Series Mundiales. Ayudó a los St. Louis Cardinals a ganar en 1964 y 1967, y Gibson fue nombrado MVP de la Serie Mundial ambas veces. En total, Gibson fue lanzador en nueve partidos de la Serie Mundial. Fue el lanzador en los nueve innings en ocho de esas nueve apariciones.

ESTADÍSTICAS DE BOB GIBSON

Juegos ganados	251
ERA	2,91
Ponches	3117
Innings lanzados	3884

NOLAN RYAN

Nolan Ryan era el rey de los no-hitter. Durante toda su carrera, lanzó siete de ellos. Ningún otro jugador ha lanzado más de cinco. Incluso solo otros cuatro jugadores han lanzado más de dos. Cuando Ryan estaba en su mejor momento, era absolutamente invencible.

Ryan dejó su marca con una bola rápida implacable. Ese lanzamiento era regularmente de más de 100 millas (161 km) por hora. Algunos dicen que lanzaba con una rapidez que llegaba a las 108 millas (174 km) por hora. Cuando su bola rápida zumbaba, los bateadores no tenían ninguna oportunidad.

Ryan no siempre tenía el mejor control de sus lanzamientos. De haber sido así, podría haber sido el mejor lanzador de todos los tiempos. Otorgó bases por bolas a más de cuatro bateadores por cada nueve innings lanzados, una cifra muy superior a la de la mayoría de los grandes lanzadores. Aun así, su dominio cuando estaba en su mejor momento es más que suficiente para compensar la cantidad de jugadores a los que otorgaba bases por bolas.

ESTADÍSTICAS DE NOLAN RYAN

Juegos ganados		324
ERA		3,19
Ponches		5714
Innings lanzados		5386

CHRISTY MATHEWSON

Christy Mathewson fue uno de los primeros en ser estrella del lanzamiento en la MLB. Una de sus mejores temporadas fue en 1905 para los New York Giants. Ese año, ganó 31 juegos y tuvo un ERA de 1,28.

Los mejores jugadores aparecen en el momento más importante. En el béisbol, los juegos más importantes tienen lugar en las Series Mundiales. En la serie de 1905, Mathewson logró blanqueadas completas en tres juegos. Eso significa que lanzó los nueve innings de cada juego sin conceder una sola corrida. Su rendimiento fue un factor decisivo en la victoria de los Giants.

Mathewson fue una estrella durante toda su carrera. Fue conocido por estar tranquilo bajo presión y siempre hizo lo necesario para su equipo. Hacer su aparición cuando más importa es lo que define a un verdadero G.O.A.T.

ESTADÍSTICAS DE CHRISTY MATHEWSON

Juegos ganados		373
ERA		2,13
Ponches		2502
Innings lanzados		4788

CY YOUNG

Muchos de los lanzadores G.O.A.T. de béisbol son ganadores del premio Cy Young. No es sorprendente que este premio lleve el nombre de uno de los más grandes lanzadores que jugara el deporte. Cada temporada, el premio reconoce al mejor lanzador de la Liga Estadounidense y de la Liga Nacional. Se considera a Young el primer lanzador superestrella en la historia de la MLB.

En la época de Young, los lanzadores abridores no jugaban una vez cada cinco juegos como lo hacen ahora. Muchos lanzadores estaban en el montículo con más frecuencia y lanzaban en juegos perfectos. Young hizo esto mejor que ningún otro. Abrió 815 juegos durante su carrera y lanzó en juegos completos en 749 de ellos. Parecía que Young nunca se cansaba. Desgastaba a los equipos contrarios con su capacidad de seguir lanzando con fuerza hasta el último lanzamiento del juego.

Young es el líder de todos los tiempos en juegos ganados. Las 511 victorias de su carrera superan por casi 100 al lanzador ubicado en el segundo lugar. Es un récord que quizá nunca se supere.

ESTADÍSTICAS DE CY YOUNG

Juegos ganados	511
ERA	2,63
Ponches	2803
Innings lanzados	7356

SATCHEL PAIGE

Satchel Paige fue el lanzador más grande de la historia que no tuvo la posibilidad de jugar en sus mejores años en la MLB. Paige jugó la mayor parte de su carrera antes de que la MLB permitiera que ingresen los jugadores negros, de modo que sus lanzamientos se vieron en las Ligas para Negros. Para el momento en el que jugó su primer partido en los Cleveland Indians en 1948, tenía unos 41 años de edad. Sus mejores días habían pasado.

Desafortunadamente, las estadísticas en las Ligas para Negros no siempre se registraban. No obstante, las estadísticas en las Ligas para Negros de Paige son legendarias. Los expertos estiman que tuvo más de 2000 victorias en los 2500 juegos en los que fue lanzador. Llegó a lanzar la cantidad de 50 no-hitters. Una vez ganó tres juegos en un mismo día.

Es posible que nunca sepamos con exactitud lo grandiosos que fueron los primeros números de Paige. Pero aunque no conozcamos las estadísticas de su carrera en las Ligas para Negros, Paige fue uno de los más grandes de todos los tiempos.

ESTADÍSTICAS DE SATCHEL PAIGE

Juegos ganados	28
ERA	3,29
Ponches	288
Innings lanzados	476

RANDY JOHNSON

Los bateadores le tenían miedo a Randy Johnson incluso antes de que hiciera un lanzamiento. Tenía una altura de casi 7 pies (2,1 m). Con sus brazos y piernas largos, los lanzamientos de Johnson parecían cruzar el plato antes de que el bateador pudiera reaccionar. Si a eso le añadimos que su bola rápida podía alcanzar las 102 millas (164 km) por hora, Johnson era casi invencible.

Johnson era conocido por su capacidad para ponchar a los bateadores. Ocupa el segundo lugar en mayor cantidad de ponches en la historia de la MLB. También es el líder de todos los lanzadores zurdos en ponches. Johnson ganó el premio Cy Young en cinco ocasiones.

Pero Johnson era más que solo un jugador con lanzamiento potente. Podía controlar la ubicación de sus lanzamientos y era lo suficientemente atlético como para lanzar en muchos innings. Ganó más de 300 juegos en su carrera, un logro que solo 24 lanzadores han igualado. Johnson es el lanzador zurdo más grande de todos los tiempos.

ESTADÍSTICAS DE RANDY JOHNSON

Juegos ganados		303
ERA		3,29
Ponches		4875
Innings lanzados		4135

MARIANO RIVERA

Mariano Rivera es el mejor cerrador de todos los tiempos. La mayoría de los mejores lanzadores son abridores. Los cerradores entran al juego cerca del final para acabar al otro equipo. Por lo general solo lanzan cuando el partido está reñido. Nadie fue mejor para asegurar las victorias de su equipo que Rivera.

Rivera entró a la liga en el año 1995. El año siguiente, ayudó a los Yankees a ganar la Serie Mundial. Su éxito solo creció a partir de allí. Acumuló salvamentos año tras año. Para el momento en el que se retiró, era el líder de la MLB de todos los tiempos en salvamentos.

Rivera fue más conocido por su bola recta cortada. Había partidos enteros en los que no hacía ningún otro lanzamiento. La mayoría de los lanzadores hacen más de un tipo de lanzamiento para mantener en vilo a los bateadores. Pero Rivera no necesitaba variedad para dejar perplejos a sus oponentes. Con frecuencia sabían exactamente qué se les venía e incluso así no podían hacer contacto con los lanzamientos de Rivera. Es posible que nunca haya otro cerrador con un mayor impacto en el resultado del juego que Rivera.

ESTADÍSTICAS DE MARIANO RIVERA

Juegos ganados	82
ERA	2,21
Ponches	1173
Salvamentos	652

PEDRO MARTINEZ

Durante siete años en el medio de su carrera, es posible que Pedro Martinez haya lanzado mejor que cualquier otro jugador en la historia de la MLB. Durante ese tiempo, Martinez tuvo un promedio de más de 11 ponches por nueve innings.

Martinez tenía un lanzamiento con cambio de velocidad, o changeup, increíble. Algunos dicen que fue el mejor lanzamiento de todos los tiempos. El changeup de Martinez era posible por de su bola rápida dominante. Los bateadores esperaban la bola rápida y no tenían la posibilidad de reaccionar a un cambio de velocidad que era 10 millas (16 km) por hora más lento que lo que esperaban. Entonces tenían que vérselas con una bola colapsaba hacia el fondo de la zona de strike. La combinación de Martinez de bola rápida y changeup lo transformaban en alguien casi imposible de vencer.

Martinez ganó tres premios Cy Young. Terminó entre los mejores cinco en los votos para el Cy Young otras cuatro veces. También ayudó a los Boston Red Sox a ganar la Serie Mundial en el año 2004. Antes de ese momento, el equipo no había ganado un campeonato de la MLB desde 1918.

ESTADÍSTICAS DE PEDRO MARTINEZ

⚾	Juegos ganados	219
⚾	ERA	2,93
⚾	Ponches	3154
⚾	Innings lanzados	2827

WALTER JOHNSON

Walter Johnson tuvo una carrera prolongada y fue muy dominante. Desde el momento en que ingresó a la liga a los 19 años hasta casi los 40 años, Johnson fue el mejor lanzador del juego.

La temporada de 1913 de Johnson es la mejor que haya tenido un lanzador. Ganó 36 juegos ese año y tuvo un ERA de 1,14. Ponchó a 243 bateadores esa temporada. Fue uno de ocho años seguidos en los que fue el líder de la liga en ponches.

Johnson ganó el premio al MVP dos veces en su carrera, una vez cuando tenía 26 años y nuevamente cuando tenía 37. En muchas de las temporadas en el medio podría haber ganado el premio fácilmente. Es imposible decir cómo se hubiera desempeñado Johnson en las competencias modernas. Pero si tenemos en cuenta su dominio, hubiera sido una estrella en cualquier etapa.

ESTADÍSTICAS DE WALTER JOHNSON

Juegos ganados	417
ERA	2,17
Ponches	3509
Innings lanzados	5914

La década de 1990 fue un momento de bateadores y lanzadores con grandes músculos. Los bateadores mandaban la pelota lejos y los lanzadores arrojaban la bola con potencia. Pero Greg Maddux era diferente. Nunca fue el lanzador con mayor fuerza de su equipo. Sus lanzamientos más rápidos eran de solo 93 millas (150 km) por hora. Pero incluso sin una bola rápida implacable, Maddux constantemente encontraba maneras de atrapar a los bateadores con la guardia baja.

El sobrenombre de Maddux era El Profesor. Se ganó este nombre por ser más inteligente que sus oponentes. Siempre parecía saber exactamente a dónde lanzar la pelota. Casi no tenía la misma cantidad de ponches que algunos otros grandes lanzadores, pero esto no importaba. Era capaz de lanzar la pelota hacia lugares en los que el bateador solo podía hacer un débil contacto como salida fácil.

Maddux ganó cuatro premios Cy Young seguidos entre 1992 y 1995. También fue un fieldeador increíble. Ganó 18 Guantes de Oro como el mejor fieldeador en su puesto. Maddux tiene el récord en todas las posiciones por la mayor cantidad de Guantes de Oro ganados.

ESTADÍSTICAS DE GREG MADDUX

	Juegos ganados	355
	ERA	3,16
	Ponches	3371
	Innings lanzados	5008

AÚN MÁS G.O.A.T.

Muchos otros grandes jugadores fueron lanzadores. Elegir a los 10 más grandes de todos los tiempos es difícil. Aquí hay otros 10 jugadores que casi llegan a la lista de los 10 mejores.

Nro. 11	**ROGER CLEMENS**
Nro. 12	**SANDY KOUFAX**
Nro. 13	**TOM SEAVER**
Nro. 14	**WARREN SPAHN**
Nro. 15	**JOHN SMOLTZ**
Nro. 16	**FERGIE JENKINS**
Nro. 17	**MAX SCHERZER**
Nro. 18	**CLAYTON KERSHAW**
Nro. 19	**TREVOR HOFFMAN**
Nro. 20	**TOM GLAVINE**

TU G.O.A.T.

Es tu turno de hacer una lista de los G.O.A.T. con los mejores lanzadores de béisbol. Empieza por investigar. Considera las clasificaciones de este libro. A continuación, consulta la sección Más Información en la página 31. Explora los libros y sitios web para aprender más sobre los lanzadores de béisbol del pasado y del presente.

También puedes buscar en Internet más información sobre grandes jugadores. Consulta a un bibliotecario, que puede tener otros recursos para ti. Incluso puedes intentar ponerte en contacto con equipos o jugadores de béisbol para ver qué opinan.

Una vez que hayas terminado, haz tu lista de los mejores lanzadores de todos los tiempos. A continuación, pide a tus conocidos que hagan listas de sus G.O.A.T. y compárenlas. ¿Tienes jugadores que nadie incluyó en la lista? ¿Te falta alguno que tus amigos consideren importante? ¡Háblales e intenta convencerlos de que tu lista es la G.O.A.T.!

GLOSARIO

base por bola: un avance hasta primera base otorgado a un jugador que durante un turno en el bate recibe cuatro lanzamientos que están fuera de la zona de ponche

blanqueada: cuando un lanzador abridor lanza en los nueve innings y no concede ni una carrera

cerrador: un lanzador relevista que normalmente termina los juegos

changeup: un lanzamiento lento ejecutado con el mismo movimiento que una bola rápida para engañar al bateador

conteo: la cantidad de bolas y ponches que se cargan a un bateador durante un turno

Guante de Oro: un premio que se entrega cada año al mejor fieldeador en cada posición

juego perfecto: cuando el lanzador abridor lanza en los nueve innings de un juego

Ligas para Negros: exligas de béisbol que estaban compuestas por personas negras y otras personas de color

no-hitter: cuando un lanzador no concede ni un hit en un juego completo

Premio Cy Young: un premio presentado cada año al mejor lanzador de la Liga Estadounidense y de la Liga Nacional

promedio de carreras limpias permitidas (ERA): el promedio de carreras permitidas (carreras obtenidas sin el beneficio de un error) por juego marcadas contra un lanzador

recta cortada: una bola rápida lanzada con rotación lateral, que se mueve hacia la izquierda o hacia la derecha cuando se acerca al plato

salvamento: cuando un lanzador relevista protege al líder del equipo

MÁS INFORMACIÓN

Baseball Hall of Fame
https://baseballhall.org/

Fishman, Jon M. *Baseball's G.O.A.T. en el béisbol: Babe Ruth, Mike Trout y más.* Mineápolis: ediciones Lerner, 2023.

Monson, James. *Behind the Scenes Baseball.* Mineápolis: Lerner Publications, 2020.

Murray, Hallie. *Satchel Paige: Legendary Pitcher.* Nueva York: Enslow Publishing, 2020.

Ranking the 25 Best Baseball Players of All Time
https://bleacherreport.com/articles/2699455-ranking-the-25-best -baseball-players-of-all-time

25 Best Starting Pitchers of All Time
https://athlonsports.com/mlb/25-greatest-starting-pitchers-major -league-baseball-history

ÍNDICE

CRÉDITOS POR LAS FOTOGRAFÍAS